coleção
Planeta Saudável

água

Lucília Garcez e Cristina Garcez

callis

© 2010 do texto por Lucília Garcez e Cristina Garcez
Callis Editora Ltda.
Todos os direitos reservados.

2ª edição, 2012
1ª reimpressão, 2018

Texto adequado às regras do novo
Acordo Ortográfico da Língua Portuguesa

Coordenação editorial: Miriam Gabbai
Revisão: Ana Paula Santos e Leandra Trindade
Projeto gráfico, diagramação, pesquisa iconográfica e
ilustrações: Rawiski Comunicação

CIP-BRASIL. CATALOGAÇÃO-NA-FONTE
SINDICATO NACIONAL DOS EDITORES DE LIVROS, RJ

G197a
2.ed.

Garcez, Lucília
    Água / Lucília Garcez e Cristina Garcez. - 2.ed. -
São Paulo : Callis Ed., 2012.
    32 p. : il. ; 26 cm   (Planeta saudável)

    ISBN 978-85-7416-746-6

    1. Água - Literatura infantojuvenil. 2. Água - Experiências -
Literatura infantojuvenil. 3. Literatura infantojuvenil brasileira.
I. Garcez, Cristina. II. Título. III. Série.

12-2729.		CDD: 553.7
		CDU: 556
26.04.12	02.05.12	034839

ISBN 978-85-7416-746-6

Impresso no Brasil

2018
Callis Editora Ltda.
Rua Oscar Freire, 379, 6º andar • 01426-001 • São Paulo • SP
Tel.: (11) 3068-5600 • Fax: (11) 3088-3133
www.callis.com.br • vendas@callis.com.br

Sumário

5 ## O que é a água?

7   O ciclo da água

9 ## O consumo da água pelo ser humano

10   **Hidrovias**
Distribuição de água na Terra

12   **Consumo da água nas indústrias**
O tratamento da água

12   **Consumo da água na agricultura**
A poluição

12   **A geração de energia hidrelétrica**

15 ## Distribuição da água na Terra

16   Bacias hidrográficas brasileiras

17   A transposição do Rio São Francisco

18   Aquíferos subterrâneos

20   As maiores bacias hidrográficas do mundo

21   O tratamento da água

24   A poluição

28   Declaração Universal dos Direitos da Água

30   Como economizar e preservar a água

O QUE É A ÁGUA?

A água é uma substância química. Um elemento da natureza, transparente, sem sabor e odor, composto por dois gases: duas partes de hidrogênio (símbolo: H) e uma parte de oxigênio (símbolo: O). Sua fórmula química é H_2O.

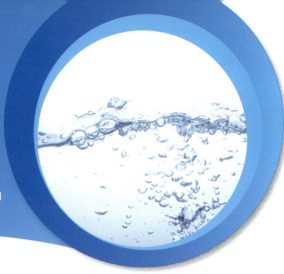

A água pode ser doce ou salgada. A água do mar é salgada porque os rios carregam para o mar cloro e sódio que se desprendem na erosão das rochas dos seus leitos. Como os rios recebem mais água doce das chuvas do que evaporam, sua água continua doce. Com o mar é diferente: ele perde mais água por meio da evaporação do que ganha com a chuva. Assim, como o sal não evapora com a água, essa substância vai se acumulando e se concentrando no mar. A repetição desse fenômeno durante centenas de milhões de anos aumentou a concentração de cloreto de sódio nos oceanos, tornando-os salgados como são hoje.

A água pode se apresentar em diversos estados: líquido, sólido (gelo) e gasoso (vapor-d'água).

Os primeiros seres vivos da Terra surgiram na água há cerca de 3,5 bilhões de anos. Sem ela, não existiria vida.

Fatores da água

Ponto de congelamento	0°C
Ponto de ebulição	100°C
Densidade	1g por cm^3

Para respirar e viver, a maioria dos organismos (como plantas e animais) utiliza o oxigênio encontrado no ar e na água. Assim, obtém-se energia e libera-se o gás carbônico. As plantas e as algas realizam um processo chamado fotossíntese para produzir oxigênio.

Fotossíntese

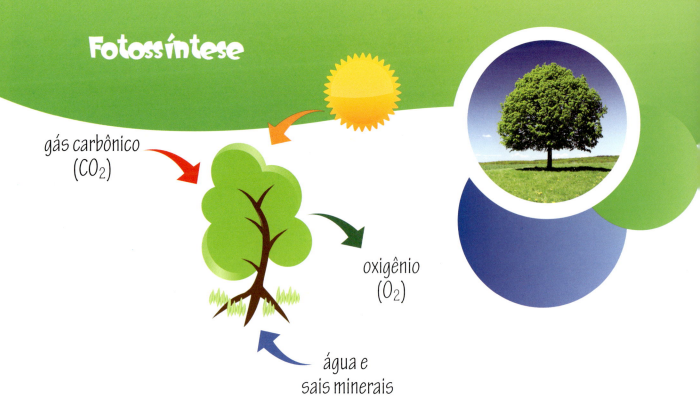

Graças à clorofila existente nesses vegetais e à presença dos raios solares, eles são capazes de transformar gás carbônico e água em glicose e de liberar oxigênio na atmosfera. A clorofila é responsável pela absorção de energia luminosa que será utilizada numa reação complexa na qual o dióxido de carbono reage com a água, formando-se glicose (base dos hidratos de carbono), que é armazenada e utilizada pelas plantas, libertando-se, como resíduo desta operação, moléculas de oxigênio.

As algas, encontradas no mar e na água doce, realizam a maior parte da fotossíntese do planeta, garantindo o oxigênio para a vida na Terra.

Experiência - observe a evaporação da água

- ✅ Encha dois potes ou copos de água até a metade.
- ✅ Marque o nível da água com uma caneta.
- ✅ Cubra um dos potes com papel-alumínio.
- ✅ Deixe os dois potes em um lugar quente por alguns dias.
- ✅ Depois de alguns dias, verifique o nível da água.

Conclusão: O calor faz a água evaporar nos dois potes, mas a cobertura impede que o vapor da água escape para a atmosfera. O nível da água fica mais alto no pote coberto.

Experiência – *observe a condensação do vapor-d'água*

✓ Coloque um copo de vidro no refrigerador por uma hora.

✓ Tire-o de lá e coloque-o sobre uma mesa.

✓ Observe as gotas de água se formando nas laterais do copo.

Conclusão: O copo gelado esfria o ar ao redor dele, e um pouco do vapor-d'água disperso no ar se condensa, formando gotas.

O CICLO DA ÁGUA

A água, na natureza, está sempre mudando de estado físico (sólido, líquido e gasoso). Sob a ação do calor do Sol, a água da superfície terrestre se evapora e transforma-se em vapor-d'água (água em estado gasoso). Este vapor sobe para a atmosfera e se acumula lá. Quando encontra camadas frias, condensa-se, formando gotinhas de água que se juntam a outras gotinhas e formam as nuvens.

Quando as nuvens se formam e ficam muito pesadas por causa da quantidade de água nelas contida, voltam à superfície terrestre em forma de precipitações, que podem ser em forma de chuva, de geada ou de neve. A neve é a principal forma de precipitação da água no estado sólido. Só ocorre no inverno de países muito frios e seus flocos são muito leves por causa de sua baixa densidade.

Quando o ar está saturado de umidade e a temperatura está baixa, parte do vapor-d'água se condensa na superfície das folhas, dos carros, das vidraças etc. Chamamos isso de orvalho. A geada acontece quando o orvalho sofre congelamento, devido a temperaturas muito baixas.

Uma parte da água que se precipita penetra no solo até encontrar uma camada de material impermeável e forma lençóis de água subterrâneos. Às vezes essa água subterrânea brota da terra formando as nascentes, os riachos e depois os rios que correm para os oceanos. Outra parte da água que cai corre para os rios, mares, lagos, oceanos etc. Com o calor do Sol, a água volta a evaporar.

Em regiões muito frias, a água pode se acumular na forma de gelo e ficar imobilizada por muito tempo. É assim nas calotas polares ou no Polo Norte e no Polo Sul. Também no cume de montanhas muito altas, a umidade do ar forma uma espessa camada de neve eternamente em estado sólido, sendo chamada assim de neve eterna.

Planeta Saudável

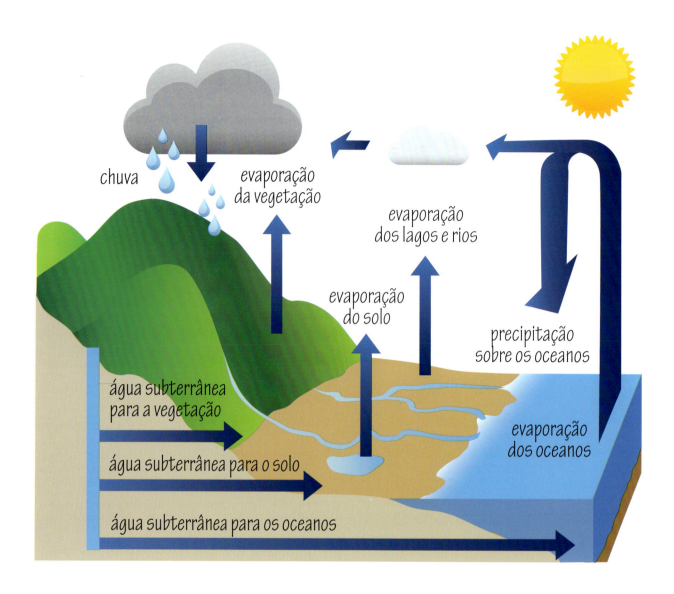

Experiência - produza chuva

- Com a ajuda de um adulto, coloque uma chaleira com água para ferver.
- Quando estiver saindo o vapor pelo bico, segure uma colher fria diante do vapor.
- Use uma luva térmica para segurar a colher e não se queimar.

Conclusão: Formam-se gotinhas de água na colher que começam a pingar, porque o vapor se condensa e se transforma outra vez em líquido.

O CONSUMO DA ÁGUA PELO SER HUMANO

O corpo humano é composto por uma grande parcela de água. Ela representa cerca de 70% de seu peso. A água forma a maior parte do volume de uma célula. O transporte dos sais minerais e de outras substâncias, para dentro ou para fora da célula, é feito por soluções aquosas. Daí sua importância no funcionamento dos organismos vivos. Mesmo a regulagem da temperatura do corpo depende da água – é pelo suor que "expulsamos" parte do calor interno. O corpo humano precisa de água todos os dias para dissolver e eliminar resíduos tóxicos, para umedecer os pulmões, a pele e as mucosas.

Durante um dia, bebemos em média 1,5 litro de água e ingerimos por meio dos alimentos mais 1 litro. Expelimos pela expiração, urina e transpiração aproximadamente 2,5 litros de água por dia.

O consumo total de água por dia em todas as atividades (beber, cozinhar, tomar banho, escovar os dentes, lavar roupa etc.) para uma pessoa varia de 25 a 400 litros.

CONSUMO DOMÉSTICO DE ÁGUA POR ATIVIDADE

ATIVIDADE	QUANTIDADE (em litros)
Lavar as mãos	3 a 5
Descarga no vaso sanitário	10 a 16
Escovar os dentes	11
Banho de chuveiro	15
Lavar louça em lava-louça elétrica	20 a 25
Lavar automóvel com mangueira	100
Lavar roupa com máquina de lavar	150
Lavar roupa no tanque	150

Em 100 a.C., um homem consumia 12 litros de água por dia para satisfazer suas necessidades. O homem romano aumentou esse consumo para 20 litros diários. No século 19, o homem passou a consumir 40 litros, nas cidades pequenas, e 60 litros/dia, nas cidades grandes. Já no século 20, o homem moderno chegou a consumir 800 litros de água por dia com suas atividades... Chegou a gastar 50 litros de água somente em uma rápida ducha de 3 minutos!

O consumo de água *per capita* varia de país para país e de lugar para lugar.
Veja alguns exemplos:

País	Consumo de água por pessoa/dia
Brasil (MG)	124 litros
Brasil (Região Norte)	140 litros
Brasil (RJ)	140 litros
Brasil (DF)	225 litros
Austrália	270 litros
Estados Unidos/Canadá	300 litros
Escócia	410 litros

Hidrovias

A utilização da água dos rios como via de transporte é uma alternativa importante e de baixo custo, pois permite a circulação de mercadorias pesadas ou volumosas. O custo por quilômetro é duas vezes menor que o da ferrovia e cinco vezes mais baixo que o da rodovia. Mas para que se transforme um rio em hidrovia são necessários grandes investimentos em dragagem, que é a retirada de terra do fundo dos rios de modo a deixá-lo navegável por navios e barcos maiores, e na construção de eclusas. A eclusa é um canal com uma série de diques, em formato de escada, destinado a comunicar dois cursos de água com desnível entre seus leitos, possibilitando a subida ou a descida de embarcações de um nível de água para outro.

Entre as principais hidrovias fluviais brasileiras estão: Araguaia-Tocantins; São Francisco; Madeira; Tietê-Paraná e Taquari–Guaíba.

Na hidrovia Araguaia-Tocantins, seu principal rio, o Tocantins, é navegável por 1.900 km, entre as cidades de Belém, no Pará, e Peixes, em Goiás. O Araguaia, que cruza o Estado de Tocantins de norte a sul, é navegável por 1.100 km. O rio das Mortes possui 580 km navegáveis.

Na hidrovia São Francisco, o maior trecho navegável fica entre as cidades de Pirapora, em Minas Gerais, e Juazeiro, na Bahia, num percurso de 1.300 km, em que são transportadas, por ano, 170 mil toneladas de cargas.

O Rio Madeira é um dos principais afluentes do Rio Amazonas e é navegável de Itacoatiara, no Amazonas, até Porto Velho, em Rondônia.

A hidrovia Tietê-Paraná é muito importante porque permite o transporte de grãos e outras mercadorias entre Mato Grosso do Sul, Paraná e São Paulo. No Rio Tietê, em São Paulo, 450 km são navegáveis, e no Rio Paraná são 800 km na divisa de São Paulo com Mato Grosso do Sul e na fronteira do Paraná com o Paraguai e a Argentina. Para unir esses dois trechos navegáveis, é preciso concluir uma eclusa na represa de Jupiá. A hidrovia Taquari-Guaíba possui 686 km de extensão e permite o transporte de 130 mil toneladas de grãos e óleos.

CONSUMO DA ÁGUA NAS INDÚSTRIAS

Na indústria, a água é usada como solvente em vários processos. Uma grande parte da água utilizada na indústria destina-se à lavagem, à limpeza e ao clareamento, eliminando materiais indesejáveis, como graxas, sais, pós, com a ajuda de sabões e detergentes. Quase todos os produtos da indústria, seja de metal, vidro, papel ou plástico são limpos com água em alguma fase de sua fabricação.

Para se produzir um barril de boa cerveja, é necessária a utilização de 1.800 litros de água; ou 2.000 litros para cada tonelada de sabão. Entretanto, isso não é nada, comparado ao consumo de 250.000 litros usados na produção de uma tonelada de aço. Um milhão de litros de água são gastos para se produzir mil quilos de papel, e 2.750.000 litros para se produzir mil quilos de borracha.

Outro uso industrial importante da água é a refrigeração de máquinas. Nesse caso, costuma ser tratada com substâncias químicas venenosas para impedir o desenvolvimento de algas e moluscos nos sistemas de refrigeração. A água é necessária também para a refrigeração na geração de energia elétrica nuclear.

CONSUMO DA ÁGUA NA AGRICULTURA

A agricultura é uma atividade milenar que sempre consumiu muita água. O aumento da população mundial exigiu a modernização das técnicas agrícolas, provocando um grande aumento no consumo de água e um crescente desequilíbrio ecológico. A irrigação na agroindústria é responsável por 70% do consumo de água. Além disso, o consumo de água na agricultura acarreta muita poluição do solo e dos lençóis freáticos.

A GERAÇÃO DE ENERGIA HIDRELÉTRICA

Uma das principais formas de geração de energia elétrica é o aproveitamento de potenciais das águas dos rios. Antigamente, a água

12 água

servia para mover moinhos. Hoje, a água serve para produzir energia elétrica nas usinas hidrelétricas. Trata-se de uma forma limpa de geração de energia, pois não produz resíduo, a água utilizada permanece com a mesma qualidade que apresentava no início do processo. Entretanto, é preciso considerar as modificações feitas no ambiente quando se constroem hidrelétricas. Além de alterar o ciclo da natureza por causa da vazão dos rios, a construção de represas retém o limo arrastado pelo rio, que serviria para impedir o avanço do mar sobre o leito pluvial.

As usinas hidrelétricas utilizam a força da água que corre em grandes rodas, chamadas turbinas, fazendo-as girar. As turbinas movimentam máquinas chamadas geradores, que produzem eletricidade.

Observe o desenho

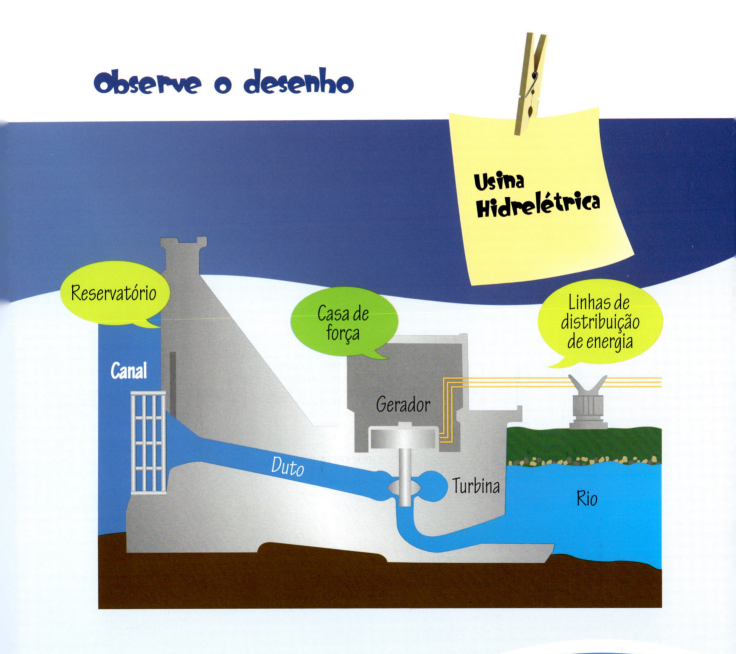

Principais hidrelétricas do Brasil:

usina	localização	capacidade (MW)
Região Norte		
Tucuruí	Rio Tocantins	3.980
Balbina	Rio Uatumã	250
Região Nordeste		
Paulo Afonso	Rio São Francisco	2.460
Sobradinho	Rio São Francisco	1.050
Moxotó	Rio São Francisco	439,2
Itaparica	Rio São Francisco	1.500
Xingó	Rio São Francisco	3.000
Região Sudeste		
São Simão	Rio Paranaíba	1.715
Nova Ponte	Rio Araguari	510
Água Vermelha	Rio Grande	1.380
Três Irmãos	Rio Tietê	808
Emborcação	Rio Paranaíba	1.192
Ilha Solteira	Rio Paraná	3.230
Porto Primavera	Rio Paraná	1.854
Jaguara	Rio Grande	425,6
Três Marias	Rio São Francisco	387,6
Região Sul		
Foz do Areia	Rio Iguaçu	2.511
Capivara	Rio Paranapanema	640
Itaipu	Rio Paraná	12.600
Parigot de Souza	Rio Capivari	246,96
Itaúba	Rio Jacuí	625
Salto Osório	Rio Iguaçu	1.050
Região Centro-Oeste		
Ilha Solteira	Rio Paraná	3.230
Itumbiara	Rio Paranaíba	2.080
Jupiá	Rio Paraná	1.411,2

Fonte: CEMIG

As usinas hidrelétricas respondem por 97% da energia produzida no País. A Itaipu produz uma média de 90 milhões de megawatts-hora (MWh) por ano. Com o aumento da capacidade e em condições favoráveis do Rio Paraná (chuvas em níveis normais em toda a bacia), a geração poderá chegar a 100 milhões de MWh.

Apesar de toda energia gerada pelas gigantescas hidrelétricas do São Francisco, ainda hoje, 35% da população rural dessa região não possui energia elétrica em seus domicílios.

CONSUMO DA ÁGUA

HUMANO 460 milhões de m³/ano
INDUSTRIAL 140 milhões de m³/ano
IRRIGAÇÃO 1.400 milhões de m³/ano

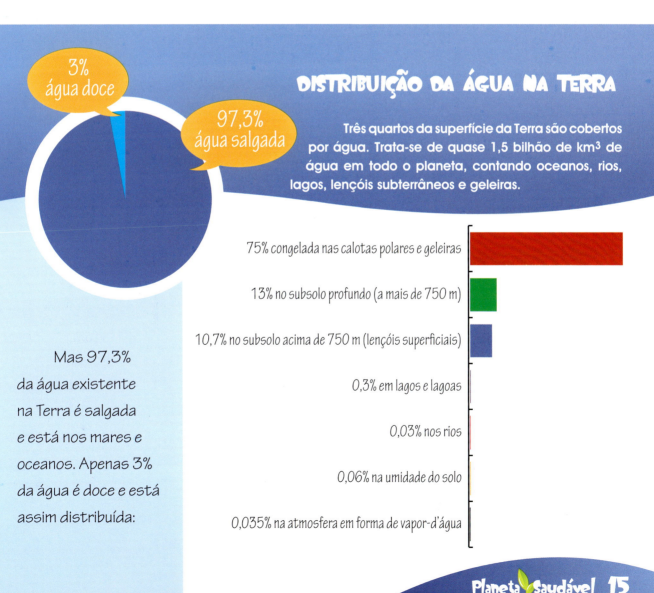

DISTRIBUIÇÃO DA ÁGUA NA TERRA

Três quartos da superfície da Terra são cobertos por água. Trata-se de quase 1,5 bilhão de km³ de água em todo o planeta, contando oceanos, rios, lagos, lençóis subterrâneos e geleiras.

- 3% água doce
- 97,3% água salgada

Mas 97,3% da água existente na Terra é salgada e está nos mares e oceanos. Apenas 3% da água é doce e está assim distribuída:

- 75% congelada nas calotas polares e geleiras
- 13% no subsolo profundo (a mais de 750 m)
- 10,7% no subsolo acima de 750 m (lençóis superficiais)
- 0,3% em lagos e lagoas
- 0,03% nos rios
- 0,06% na umidade do solo
- 0,035% na atmosfera em forma de vapor-d'água

BACIAS HIDROGRÁFICAS BRASILEIRAS

O Brasil é um país privilegiado no que diz respeito às reservas de água doce. O País detém de 15% a 20% de toda a água doce superficial da Terra. A maior parte, 80%, está na Amazônia.

A água doce está assim distribuída no Brasil:

Norte – 68,5% (7% da população)

Nordeste – 3,3% (29% da população)

Centro-oeste – 15,7%

Sudeste – 6,0% (43% da população)

Sul – 6,5%

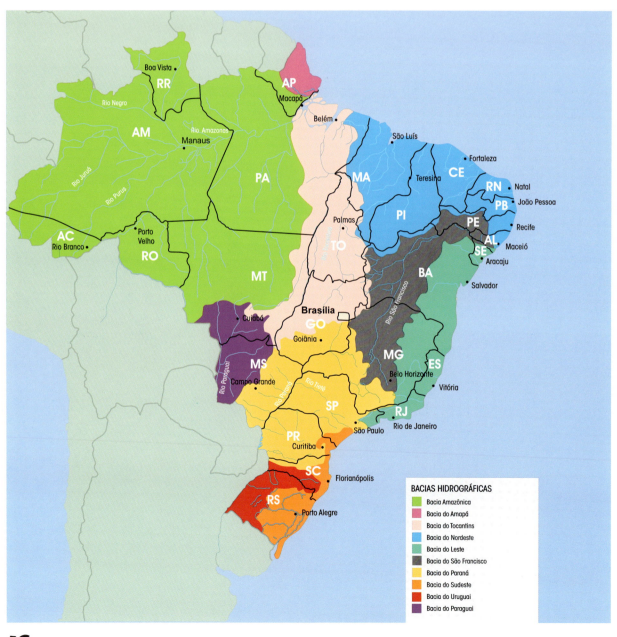

16 água

Uma bacia é uma área ocupada por um rio principal e todos os seus tributários, ou seja, aqueles afluentes que deságuam no rio principal. Temos, no Brasil, alguns dos maiores recordes encontrados no planeta. Maior rio principal e todos os seus tributários, ou seja, aqueles afluentes que deságuam no do mundo: rio principal.

A bacia hidrográfica do Amazonas é a maior do mundo. O Rio Amazonas nasce no Peru e, quando entra no Brasil, passa a se chamar Solimões. Após o encontro com o Rio Negro, em Manaus, recebe o nome de Amazonas. A sua largura média é de 5 km e possui 7.000 afluentes. A bacia tem cerca de 23 mil km de rios navegáveis.

A bacia hidrográfica do Rio São Francisco abrange cinco estados: Minas Gerais, Bahia, Pernambuco, Alagoas e Sergipe. O São Francisco é o maior rio totalmente brasileiro e tem 3.160 km de extensão. Duas grandes hidrelétricas aproveitam seu potencial energético: Xingó e Paulo Afonso.

A bacia hidrográfica dos rios Tocantins-Araguaia é a maior localizada inteiramente em território brasileiro. O Rio Tocantins nasce em Goiás e desemboca na foz do Amazonas (2.640 km de extensão). Seu potencial hidrelétrico é aproveitado pela usina de Tucuruí, no Pará – a 2ª maior do Brasil e uma das cinco maiores quedas-d'água com os maiores fluxos de água do mundo. O Rio Araguaia nasce na fronteira entre Goiás e Mato Grosso e une-se ao Tocantins no extremo norte do Estado de Tocantins.

As bacias dos rios Uruguai, Paraná e Paraguai, que se unem formando o Rio da Prata, formam a grande Bacia do Prata. Essa bacia se estende entre Brasil, Uruguai, Bolívia, Paraguai e Argentina. No Rio Paraná está a usina binacional (Brasil/ Paraguai): Itaipu, com 13.301.000 m^3 por segundo de água, a que tem maior produção de energia.

Temos no Brasil alguns dos maiores recordes encontrados no Planeta: maior rio do mundo em vazão de água (Rio Amazonas, com 6.280 km de extensão), quedas-d'água com os maiores fluxos de água do Planeta (Queda de Paulo Afonso, no Rio São Francisco, com 2.830.000 m^3 por segundo, e Urubupungá, no Rio Paraná, com 2.745.000 m^3 por segundo). Temos ainda um dos maiores lagos da Terra, a Lagoa dos Patos, com 10.1444 km^2 de área e com uma profundidade de 6,75 m.

Apesar de tanta riqueza, as maiores concentrações urbanas encontram-se distantes dos grandes rios, como o São Francisco, o Paraná e o Amazonas.

A TRANSPOSIÇÃO DO RIO SÃO FRANCISCO

A ideia da transposição do Rio São Francisco para resolver o problema da seca do Nordeste existe desde a época de D. Pedro II. Naquela época não foi realizado o projeto por falta de recursos técnicos de engenharia. Consiste na utilização das águas do Rio São Francisco para transformar em perenes os rios e açudes da região nordestina durante os períodos de estiagem. Os estados beneficiados são: Paraíba, Rio Grande do Norte e Ceará.

Enquanto as obras estão sendo realizadas, procede-se um intenso esforço de revitalização do rio. Entre as ações estão a regularização do rio, com 11 barragens, o repovoamento de peixes, a despoluição e o tratamento de esgoto em todas as regiões, a recuperação de áreas degradadas, reflorestamentos, reconstituição de matas ciliares e ações de educação ambiental. Pelo projeto, o Rio São Francisco doará 60 m³ por segundo de vazão aos açudes e rios da região Nordeste.

AQUÍFEROS SUBTERRÂNEOS

Mas a nossa riqueza hídrica não se restringe às áreas superficiais: o Aquífero Botucatu-Guarani, um dos maiores do mundo, ocupa uma área subterrânea de quase 1,2 milhão de km², 70% dele localizados em território brasileiro. Esse aquífero pode conter mais de 40 mil km³ de água, o que é superior a toda a água contida nos rios e lagos de todo o planeta. Somente esse fato poderia significar que o abastecimento brasileiro de água estaria garantido, sem reciclagem e reaproveitamento por milhares e milhares de anos... Imagine então se fizéssemos reciclagem, tratamento e reaproveitamento eficientes, teríamos água para sempre.

Estima-se que, por ano, o Aquífero Guarani receba 160 km³ de água adicional vinda da superfície. Isso pode ser considerado um problema ou uma solução. Se essas águas superficiais estiverem contaminadas, o aquífero será terrivelmente atingido.

A água do Guarani já abastece muitas comunidades nos Estados do Sul e Sudeste do País. Reservatórios subterrâneos de água potável são conhecidos em todos os terrenos e regiões do Brasil.

Mesmo no semiárido do Nordeste existem gigantescos reservatórios. Somente um deles possui um volume de 18 trilhões de m^3 de água disponível para o consumo humano, volume suficiente para abastecer toda a atual população brasileira por um período de, no mínimo, 60 anos, isso sem reciclagem ou reaproveitamento.

Planeta Saudável 19

AS MAIORES BACIAS HIDROGRÁFICAS DO MUNDO

AMÉRICA DO NORTE

1 - Yokon
2 - Mackenzie
3 - Nelson
4 - Mississipi
5 - St. Lawewnce

AMÉRICA DO SUL

6 - Amazônia
7 - Paraná

EUROPA

25 - Danúbio

ÁFRICA

8 - Niger
9 - Lago Chad Basin
10 - Congo
11 - Nilo
12 - Zambezi
26 - Orange
24 - Eufrates e Tigre

ÁSIA

13 - Volga
14 - Ob
15 - Yenisey
16 - Lena
17 - Kolyma
18 - Amur
19 - Gages e Bahmaputra
20 - Yangtze
21 - Indo
22 - Huang Ho

AUSTRÁLIA

23 - Murray Darling

20 água

Ver mapa dos aquíferos do mundo em:

• http://www.whymap.org/cln_092/nn_1055978/whymap/EN/Downloads/Global__maps/whymap__125__pdf,templateld=raw,property=publicationFile.pdf/whymap_125_pdf.pdf

e em

• http://www.meteopt.com/forum/biosfera-atmosfera/mapa-mundial-dos-aquiferos-subterraneos-2714.html

O TRATAMENTO DA ÁGUA

A água sem impurezas ou micróbios, que serve para ser bebida, chama-se potável. Em regiões onde não chega a água tratada, as pessoas filtram e fervem a água antes de utilizá-la. O fornecimento de água potável exige a construção de estações de tratamento caras e complexas.

A água doce impura é captada em rios, represas ou outras fontes e chega a uma estação de tratamento. Ali, ela passa por vários processos de filtragem e purificação para que sejam eliminados os micróbios e as impurezas. Isso ocorre por meio de tanques de floculação, decantação, filtração e cloração. Ela recebe a adição de cloro e de flúor. Por meio de uma rede de abastecimento, formada por canos e tubos no subsolo, a água limpa é distribuída para a população. Entretanto, apenas uma pequena parcela da população brasileira tem acesso à agua tratada e encanada.

Em uma estação de tratamento de água

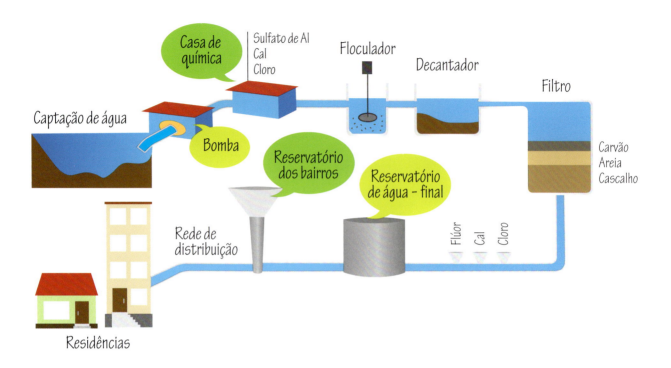

Numa estação de tratamento de água (ETA), o processo ocorre em etapas:

Coagulação	Quando a água na sua forma natural (bruta) entra na ETA, ela recebe nos tanques uma determinada quantidade de sulfato de alumínio. Essa substância serve para aglomerar (juntar) partículas sólidas que se encontram na água, como a argila.
Floculação	Em tanques de concreto com a água em movimento, as partículas sólidas se aglutinam em flocos maiores.
Decantação	Em outros tanques, pela ação da gravidade, os flocos com as impurezas e partículas ficam depositados no fundo dos tanques, separando-se da água.
Filtração	A água passa por filtros formados por carvão, areia e pedras de diversos tamanhos. Nesta etapa, as impurezas de tamanho pequeno ficam retidas no filtro.

Desinfecção	É aplicado na água cloro ou ozônio para eliminar micro-organismos causadores de doenças.
Fluoretação	É aplicado flúor na água para prevenir a formação de cárie dentária em crianças.
Correção de PH	É aplicada na água uma certa quantidade de cal hidratada ou carbonato de sódio. Este procedimento serve para corrigir o PH da água e preservar a rede de encanamentos de distribuição.

A água do mar é salgada demais para ser bebida. Mas é possível remover os sais dissolvidos nela, deixando-a potável. Isso é feito em usinas de dessalinização e é um processo caro. A dessalinização de águas salgadas ou salobras acontece quando elas se transformam em vapor e se tornam doces depois que se condensam – condensação – ou então por meio do processo de osmose reversa, quando passam por diversas membranas filtrantes. Nos oceanos pode estar a principal solução para o atendimento das futuras demandas de água doce, já que neles estão 95,5% da água existente na Terra. O principal problema a ser resolvido ainda é o custo dos processos que envolvem grande consumo de energia. Esses processos há muito tempo já são utilizados nos navios e nas plataformas de petróleo.

Experiência – transforme água salgada em água doce

- Com o auxílio de um adulto, coloque uma panela com água para ferver.
- Misture bastante sal na água.
- Coloque a tampa na panela.
- Quando estiver fervendo, levante a tampa e escorra as gotas que ficam nela em uma caneca. Repita várias vezes esse procedimento.
- Observe que a água da caneca não é salgada. Quando esfriar, prove.

Conclusão: O sal não evapora e fica na panela.

Planeta Saudável 23

A POLUIÇÃO

O volume total de água existente na Terra não aumenta ou diminui. O que se modifica é a qualidade da água disponível para o consumo humano. Como o processo de degradação da água doce disponível é muito acelerado, dizemos que a água vai acabar, mas o que vai acabar é a disponibilidade de água limpa.

O ser humano tem causado muito prejuízo à natureza, por causa de lixos, esgotos, dejetos químicos industriais e mineração sem controle. Cinco litros de óleo de cozinha despejados no rio ou no mar são suficientes para cobrir uma superfície de água de 5.000 m², impedindo a oxigenação e originando a morte por asfixia de peixes e plantas.

A agricultura contamina a água doce em todo o Planeta. Os agrotóxicos utilizados nas plantações se infiltram no lençol freático e escorrem para os rios próximos. O resultado desta contaminação é a impossibilidade do aproveitamento da água para consumo humano e o impedimento de consumo de animais contaminados por beberem essa água.

Com o aumento da população, produzimos cada vez mais lixo. Muito desse lixo é descartado nos rios, lagos e mares. E o lixo colocado sobre o solo se infiltra e contamina as águas subterrâneas. Além disso, dos 12 mil lixões existentes no Brasil, 63% estão instalados à beira de rios e mananciais.

Para neutralizar os efeitos da poluição, é necessário que os governos invistam em saneamento básico. O serviço de captação e tratamento de esgotos contribui para impedir a poluição. O transporte de dejetos depende da água. Ela arrasta dejetos e despejos industriais e domésticos por meio de canos e tubos que os conduzem para depósitos apropriados e para estações de tratamento. Entretanto, há muito ainda por fazer, pois a maior parcela do esgoto produzido no País é lançada nos rios e no mar sem qualquer tratamento. A coleta de esgoto beneficia um número pequeno de famílias. Apenas metade dos municípios brasileiros tem coleta de esgoto e apenas 1% tem tratamento desse esgoto.

A Baía de Guanabara, por exemplo, recebe 500 toneladas de esgoto doméstico, 50 toneladas de esgoto químico, além de 3.000 toneladas de lixo sólido por dia. Rios importantes para o abastecimento de água no Brasil estão contaminados: Paraíba do Sul

(SP, MG, RJ), Tietê (SP), Guaíba (RS) e o Doce (MG e ES). O Rio Tietê recebe, só na cidade de São Paulo, cerca de 1.200 toneladas de esgoto por dia, não podendo ser aproveitado pelos outros 64 municípios por onde passa. O atual projeto para despoluir o Rio Tietê custa 900.000.000 de dólares. A maior Estação de Tratamento de Esgoto de São Paulo, a de Barueri, ocupa uma área de 20 hectares ou 25 campos de futebol.

Quando chove, a água lava as cidades, escoando a sujeira para esgotos pluviais, pelos bueiros das ruas. Muitas vezes esses bueiros desembocam diretamente nos rios e mares, sem nenhum tratamento, arrastando o lixo da cidade para as reservas naturais de água.

Indústrias, que utilizam mercúrio em seus processos de fabricação de aparelhos domésticos ou de tintas, despejam seus dejetos nos rios, provocando a contaminação das águas. Isso pode causar doenças no sistema nervoso quando a água é consumida pela população. Na produção industrial, a água é certamente a matéria-prima mais barata. É tão barata que a maioria das indústrias não a valoriza, despejando-a nos rios com muitos resíduos e poluentes, depois de utilizá-la apenas uma vez, ao invés de reaproveitá-la.

Para se produzir	é necessário
um barril de cerveja	1.800 litros de água
uma tonelada de aço	250.000 litros de água
1.000 quilos de papel	Um milhão de litros de água
1.000 quilos de borracha	2.750.000 litros de água

O mercúrio utilizado no garimpo para retirada do ouro também polui os rios.

A água da irrigação, contaminada por pesticidas ou agrotóxicos, chega aos rios e ao lençol freático, poluindo as águas. O bombeamento exagerado de águas subterrâneas, por meio da perfuração de poços, provoca a diminuição do nível dos lençóis freáticos, permitindo que a água salgada do mar penetre e misture-se com a água doce.

Outro problema que atinge os rios é a destruição das matas ciliares. Sem essa vegetação protegendo as margens dos rios contra a erosão natural, acontece o assoreamento que diminui a profundidade e a vazão do rio, prejudicando o equilíbrio natural da vida a seu redor e provocando transbordamentos e enchentes na época das chuvas.

No Brasil, o desperdício de água chega a 70% e nas residências temos até 78% do consumo de água sendo gasto no banheiro.

A degradação das águas do mar provém, em grande parte, de acidentes na retirada e no transporte de petróleo. Essa contaminação provoca a morte de peixes e mamíferos marinhos, além de impedir que os vegetais e as algas façam a fotossíntese e produzam oxigênio, essencial para a vida no planeta.

As praias constituem importante opção de lazer para a população. No entanto, no período de férias, o que se pode observar é uma enorme quantidade de todo tipo de lixo deixado negligentemente sobre a areia que, com a ação da maré, é arrastado para o mar. Materiais deixados pelas pessoas na beira da praia, como sacos plásticos, embalagens descartáveis, isopor, latas, restos de linhas ou de redes de pesca, cigarros, vidros, papel, restos de alimentos e fezes de animais, prejudicam a vida dos animais marinhos. Pedaços de isopor, espumas e filtros de cigarros são vistos por peixes, aves e tartarugas-marinhas como se fossem ovas de peixe e são engolidos. Tais materiais não conseguem passar pelo duodeno e ficam aprisionados no estômago de suas vítimas. Isso faz com que o animal sinta-se saciado, pois fica cada vez mais com o estômago cheio e então não se alimenta mais. O resultado é a morte por inanição.

O mesmo ocorre no caso de sacos plásticos com algumas espécies de tartarugas-marinhas que têm nas águas-vivas o principal componente de sua dieta alimentar. Os sacos plásticos que ficam flutuando na água são interpretados pelas tartarugas como águas-vivas e são engolidos. Diversos recipientes, como copos, garrafas e potes funcionam como esconderijos para caramujos predadores de ovos de peixe. Dentro deles os caramujos ficam protegidos de seus predadores, podendo predar intensamente os ovos. Com isso há um desequilíbrio entre as populações marinhas.

Restos de redes e linhas de pesca abandonados no mar permanecem no ambiente, matando indiscriminada e desnecessariamente peixes, aves e mamíferos marinhos. Com uma das pontas presas em pedras ou na vegetação submersa, esses artefatos de pesca são armadilhas mortais. Os animais se enroscam e morrem enforcados, por asfixia ou por inanição. Focas, leões-marinhos, golfinhos, peixes-boi, aves marinhas e peixes são algumas das inúmeras vítimas.

Calcula-se que 80% das doenças se originam de águas poluídas e das que ficam a céu aberto. O cólera, a febre tifoide, a hepatite, a leptospirose,

a dengue, a verminose e a esquistossomose são doenças transmitidas e disseminadas em locais em que não há saneamento básico. Assim, 80% dos leitos hospitalares, nos países em desenvolvimento, são ocupados por pacientes acometidos por doenças de veiculação hídrica.

Há ainda o fenômeno da chuva ácida, que ocorre quando a chuva encontra elementos poluidores na atmosfera. Surgiu com a crescente industrialização do mundo, em relação direta com a poluição do ar, manifestando-se com maior intensidade e maior abrangência nos países desenvolvidos.

A melhor maneira de evitá-la é diminuir a quantidade dos poluidores na atmosfera, reduzir o consumo de energia, purificar os escapamentos dos veículos, promover o uso racional de veículos, utilizando sistema de transporte coletivo, instalando sistema de tratamento de gases em indústrias, utilizando combustíveis livres de enxofre.

A chuva ácida pode prejudicar:

Prédios, casas, arquitetura: a chuva ácida também ajuda a corroer os materiais usados nas construções, como casas, edifícios e arquitetura, destruindo represas, turbinas hidrelétricas etc.

Lagos: podem ser os mais prejudicados com o efeito da chuva ácida, pois podem ficar totalmente acidificados, perdendo toda a sua vida.

Desmatamentos: a chuva ácida faz clareiras, matando árvores.

Agricultura: a chuva ácida também afeta as plantações.

TEMPO DE DEGRADAÇÃO DOS MATERIAIS DESCARTADOS

Caixa de papelão – 2 meses	Fralda descartável – 450 anos
Jornal – 6 meses	Garrafa plástica – 450 anos
Pedaço de madeira pintada – 13 anos	Linha de nylon – 650 anos
Boia de isopor – 80 anos	Lixo radioativo – 250.000 anos
Lata de alumínio – 200 anos	Vidro – tempo indeterminado (1 milhão de anos)

Experiência - o que flutua na água

- Use uma bacia cheia de água.
- Divida uma massa de modelar em quantidades iguais. Faça diversas formas diferentes com as partes da massa e coloque-as na água.
- Observe que uma bola sólida de massa de modelar afundará e que uma forma parecida com um barco, com as laterais altas, flutuará.

Declaração Universal dos Direitos da Água

A presente Declaração Universal dos Direitos da Água foi proclamada para atingir todos os indivíduos, povos e nações. Assim, todos os homens, tendo esta Declaração constantemente no espírito, farão todo o esforço possível, por meio da educação e do ensino, para desenvolver o respeito aos direitos e obrigações anunciados e assumirão, com medidas progressivas de ordem nacional e internacional, o seu reconhecimento e a sua aplicação efetiva.

Art. 1º

A água faz parte do patrimônio do Planeta. Cada continente, cada povo, cada nação, cada região, cada cidade, cada cidadão é plenamente responsável aos olhos de todos.

Art. 2º

A água é a seiva do nosso planeta. Ela é a condição essencial de vida de todo ser vegetal, animal ou humano. Sem ela não poderíamos conceber como são a atmosfera, o clima, a vegetação, a cultura ou a agricultura. O direito à água é um dos direitos fundamentais do ser humano: o direito à vida, tal qual é estipulado no Art. 3º da Declaração dos Direitos do Homem.

Art. 3º

Os recursos naturais de transformação da água em água potável são lentos, frágeis e muito limitados. Assim sendo, a água deve ser manipulada com racionalidade, precaução e parcimônia.

Art. 4º

O equilíbrio e o futuro do nosso planeta dependem da preservação da água e de seus ciclos. Estes devem permanecer intactos e funcionando normalmente para garantir a continuidade da vida sobre a Terra. Este equilíbrio depende, em particular, da preservação dos mares e oceanos, por onde os ciclos começam.

Art. 5º

A água não é somente uma herança dos nossos predecessores; ela é, sobretudo, um empréstimo aos nossos sucessores. Sua proteção constitui uma necessidade vital, assim como uma obrigação moral do homem para com as gerações presentes e futuras.

Art. 6º

A água não é uma doação gratuita da natureza; ela tem um valor econômico: precisa-se saber que ela é, algumas vezes, rara e dispendiosa e que pode muito bem escassear em qualquer região do mundo.

Art. 7º

A água não deve ser desperdiçada, poluída ou envenenada. De maneira geral, sua utilização deve ser feita com consciência e discernimento para que não se chegue a uma situação de esgotamento ou de deterioração da qualidade das reservas atualmente disponíveis.

Art. 8º

A utilização da água implica o respeito à lei. Sua proteção constitui uma obrigação jurídica para todo homem ou grupo social que a utiliza. Esta questão não deve ser ignorada nem pelo homem nem pelo Estado.

Art. 9º

A gestão da água impõe um equilíbrio entre os imperativos de sua proteção e as necessidades de ordem econômica, sanitária e social.

Art. 10º

O planejamento da gestão da água deve levar em conta a solidariedade e o consenso em razão de sua distribuição desigual sobre a Terra.

Fonte: Organização das Nações Unidas, Paris, 1992.
http://www.amigodaagua.com.br/interna.aspx?path=planetaagua/default.aspx

COMO ECONOMIZAR E PRESERVAR A ÁGUA

Não demore muito tempo no chuveiro. Em média, um banho consome 70 litros de água em apenas 5 minutos, ou seja, 25.550 litros por ano.

Preste atenção ao consumo mensal da conta de água. Você poderá descobrir vazamentos que significam um enorme desperdício de água. Faça um teste: feche todas as torneiras e os registros de casa e verifique se o hidrômetro – aparelho que mede o consumo de água – sofre alguma alteração. Se alterar, o vazamento está comprovado.

Você pode economizar 16.425 litros de água por ano ao escovar os dentes, basta molhar a escova e depois fechar a torneira. Volte a abri-la somente para enxaguar a boca e lavar a escova.

Armazenar e reutilizar a água da chuva para lavar calçadas, carros e molhar plantas.

Prefira lavar o carro com balde em lugar da mangueira. O esguicho aberto gasta aproximadamente 600 litros de água. Se você usar balde, o consumo cairá para 60 litros.

Cuidado! Nada de "varrer" quintais e calçadas com esguicho, use a vassoura.

Regar as plantas com regador e quando o Sol estiver mais fraco.

Reutilizar a água das pias, do chuveiro e da máquina de lavar para limpar calçadas, carro e molhar o jardim.

Só jogue no rio ou no mar o que os peixes podem comer.

Replantar a vegetação que protege as nascentes.

Evitar o excesso de áreas cimentadas para garantir a infiltração da água no solo.

BIBLIOGRAFIA

50 pequenas coisas que você pode fazer para salvar a Terra. Best Seller, 1989.

A água nossa de cada dia - Ziraldo. Publicação do Min. do Meio Ambiente/SRH/ IICA.

BRANCO, S. M. *Água, origem, uso e preservação*. Moderna, 2000.

CAVINATTO, V. M. *Saneamento básico*. Moderna, 1992.

CRESPO, T. *Planeta água*. Virtual, 1998.

Ministério do Meio Ambiente, dos Recursos Hídricos e da Amazônia Legal - Secretaria de Recursos Hídricos. Coleção Água, Meio Ambiente e Cidadania, 1998.

Hidrelétricas